quelques conseils utiles aux élèves huissiers

Du même auteur

La déclaration, Julliard, 1990 ; Verticales, 1997

La vie commune, Julliard, 1991 ; à paraître Verticales, 1998

La médaille, Le Seuil, 1993

La puissance des mouches, Le Seuil, 1995 ; Points-Seuil, 1997

La compagnie des spectres, Le Seuil, 1997

lydie salvayre

quelques conseils utiles aux élèves huissiers

verticales

ISBN 2-84335-081-6

Il se murmure ici et là que notre exercice est méchant et que nous sommes des pauvres les pires ennemis. Que nos calomniateurs se le tiennent pour dit, nul ne parviendra à ébranler nos certitudes. Car nous avons la conviction que toute attaque contre nous ne vise rien moins que de faire vaciller la Justice. Or nous sommes la Justice, n'hésitons pas à l'affirmer, et qui nous discrédite, discrédite la Justice. Insinuerait-on des perfidies plus malignes encore que nous continuerions à exercer notre métier avec la même rigueur et le même enthousiasme.

Fermez donc vos oreilles, mes chers élèves, à ces ignominies et consacrez-vous corps et âme à votre vocation qui est de servir la Loi et d'être en quelque sorte son doigt, son bras voulais-je dire, son bras séculier, évidemment.

Armez-vous de courage car la tâche est ardue.

Ne vous abusez pas. Les avantages attribués par les envieux à cette profession sont dérisoires au regard de ses inconvénients. Il est de mon devoir de vous en prévenir : les situations que vous aurez à affronter sont pires encore que celles imaginées dans vos pires cauchemars.

... AUX ÉLÈVES HUISSIERS

Opérez de préférence au point du jour.

Après être entrés dans un immeuble sale, vous monterez dans un ascenseur saccagé et longerez des couloirs sur les murs desquels sont dessinés des sexes d'un réalisme offensant.

Vous aurez peur.

Dissimulez votre peur.

Une fois devant la porte, annoncez-vous distinctement. Soyez sobres. Frappez et dites : Maître Echinard ou Maître Un Tel, Huissier de Justice. Dans de semblables circonstances, point n'est besoin d'être disert.

L'effet de surprise devra être total. Après le temps normal de la sidération, comptez de deux à dix minutes, des galopades en tous sens se feront entendre, des cris étouffés, des mouvements de panique, des bruits de meuble qu'on déplace, tout un affolement qui traduit bien aux yeux du juste la culpabilité des saisis. Restez calmes. Sachez attendre. Ayez la patience du chasseur embusqué.

La porte ouverte, redoublez de prudence. On a déjà vu des huissiers assommés par des brutes puis éjectés dans l'escalier avant même qu'ils aient pu lire leur acte de commandement.

Lisez votre *commandement de déguerpir*, car tel est son intitulé, lisez votre *commandement de déguerpir* sur le ton le plus neutre possible. Gardez-vous comme la peste de toute provocation.

Les expulsés sont, semble-t-il, plus susceptibles que la moyenne de la population. Articulez correctement : J'ai, Maître Echinard, huissier de justice, fait commandement à monsieur Marcel Turpin d'avoir immédiatement et sans délai à quitter et vider de corps, de biens et de tous occupants de leur chef, les lieux qu'ils occupent, pour le requérant en disposer ainsi qu'il avisera et cetera.

Ne soyez pas surpris, ce texte pourtant clair n'est généralement pas compris de ces gens qui sont pour la plupart analphabètes. Mais avec cette étonnante intuition qu'ont les pauvres, proches en cela des animaux, pour détecter menaces et persécutions, ils vont réaliser immédiatement que la situation leur est contraire et qu'il leur faut filer dans les plus brefs délais.

C'est alors que commencent les habituelles jérémiades, les lamentations qui n'en finissent pas, les supplications mouillées de larmes, les enfants qu'on arrache au berceau pour exciter votre pitié, bref, l'obscène exhibition du malheur le plus répugnant. Ne vous laissez pas attendrir par cet étalage de misères. Laissez geindre les affligés. Ne brusquez rien. Si leur émotion vous paraît anormalement longue – les pauvres, vous le remarquerez, sont souvent d'une émotivité excessive, ce qui explique par ailleurs leur piètre performance sur le plan de la promotion sociale – si l'émotion se prolonge, disais-je, invoquez d'une voix ferme l'intervention pure et simple de la force publique. Cela les calmera.

Je ne puis me dispenser de vous en avertir, vous serez exposés, notamment lors des expulsions locatives, à des tracasseries et des mesquineries de toutes sortes. Ceci est notre lot. Et le terme d'exploit par lequel l'on désigne habituellement notre exercice n'est que trop souvent justifié.

Pour vous donner un exemple concret, je procédais, le mois dernier, à une saisie-gagerie chez un individu connu de nos services, lequel, arguant du fait qu'il était encore maître chez lui, refusa catégoriquement d'allumer la lumière. Ce manque de tact affligeant m'obligea à évoluer dans une obscurité presque totale, me cognant aux meubles sans pouvoir distinguer correctement ni leur époque ni leur style. Je dus en outre, après l'examen de chaque objet, sortir dans le couloir faiblement éclairé de l'immeuble pour inscrire le détail de mon procès-verbal. Je fis, je les comptais, vingt-six va-et-vient entre l'appartement et le couloir ! J'en repartis exténué.

Le même jour, un autre locataire, usant du même argument, frappa violemment sur des couvercles de casseroles pendant les deux heures que dura la procédure. Il déclara avec un accent d'ironie tout à fait insupportable que, primo, il était dans son droit – et je dus concéder qu'il l'était – et que, secundo, il aimait jusqu'au délire les musiques de percussion, ce qu'aucun arrêté, déclara-t-il, n'avait encore interdit. Je ne pus lui opposer la moindre parade et sortis de son appartement le cerveau en bouillie.

Jeudi dernier, une vieille femme chez qui je pratiquais une saisie-exécution se mit à proférer d'atroces injures en feignant d'admonester son chat. Je compris rapidement que ces abominations m'étaient en réalité destinées.

Je vous signale à cette occasion que vous pouvez à tout instant dresser un procès-verbal interpellatif à l'encontre des locataires qui vous accueillent l'insulte à la bouche. Mais à une condition, c'est que l'insulte vous soit nommément adressée. L'adresser à un chat, à un mur, ou à toute autre instance tierce constitue une ruse contre laquelle vous êtes sans recours.

A propos des chats et autres animaux domestiques, fort appréciés, je le constate, des humbles et des nécessiteux, sachez qu'ils bénéficient, au même titre que les enfants, d'une suspension de saisie. Dans sa clémence, la loi française va même jusqu'à proscrire le séquestre des objets mobiliers sur lesquels reposent volières, aquariums et cages diverses. Quelle que soit notre opinion sur cette loi, nous ne pouvons faire autrement que de nous y soumettre, et ce d'autant qu'elle est connue de presque tous les occupants auprès desquels nous agissons.

A notre grande stupéfaction, nous constatons en effet que ces derniers, tout ignares qu'ils sont, semblent parfaitement instruits des mesures qui les avantagent. Et en abusent vilement. La preuve ! Les animaux, chez eux, surabondent ! Chats, chiens, poules, canards, lapins, moutons, mainates, perroquets et nourrissons en grand nombre infestent les appartements que nous avons à visiter, tous piaillant, miaulant, aboyant et bêlant à qui mieux mieux. Il n'est pas rare de voir des salles de bains transformées en poulaillers, et certaines pièces d'habitation en écuries. Croyez-vous que les humains qui y séjournent se plaindraient de ce voisinage ? Point du tout ! J'ai même rencontré des familles, d'origine étrangère, je le précise, qui entretenaient entre leurs murs de véritables ménageries à des fins purement commerciales. Je vous laisse imaginer l'état de saleté dans lequel ils croupissaient !

Je le répète, car le fait est d'importance, la plupart des locataires sont instruits des lois promulguées en leur faveur et se montrent capables, en dépit de leur ignorance, d'en réciter le texte. Et non seulement ils sont instruits des lois votées en leur faveur, mais ils savent détourner à des fins malhonnêtes et avec une habileté consommée celles, excellentes, qui sont censées leur porter préjudice. Apprenez qu'il existe des spécialistes de ces détournements. Ils sont connus. Ce sont pour la plupart des intellectuels dont l'oisiveté prolongée a corrompu l'entendement. Quelles lois détournent-ils à leur profit, et comment ? Je me limiterai à deux exemples.

Voici le premier.

Vous tous ici connaissez l'article 184 du Code pénal interdisant la violence verbale ou physique à notre endroit. Eh bien, un certain nombre de pervers à l'imagination malade s'emploient à biaiser cette loi en inventant d'insidieux procédés dont la brutalité ne peut être clairement dénoncée mais dont la gêne qu'ils procurent s'avère considérable. Ainsi, un écrivain parisien dont je tairai le nom et chez qui je me rendais pour la énième fois me bombarda de photographies prises au flash pendant toute une matinée sans que je puisse d'aucune manière l'en empêcher. La violence singulière dont je fus l'objet ne figurant dans aucun texte de loi, je ne pus que subir passivement ce très inopportun mitraillage.

De plus, lorsque je demandai à cet individu d'une insolence rare de me confier son appareil photographique pour en noter la marque, il s'y opposa avec un aplomb extraordinaire, objectant qu'il s'agissait là de son instrument de travail.

La loi française, toujours encline à l'indulgence, stipule effectivement que sont insaisissables tous les biens mobiliers nécessaires au travail du saisi et de sa famille dans les limites fixées par l'article 2092, alinéa 4 du Code civil. L'interprétation de cette loi par les saisis donne lieu, comme vous pouvez l'imaginer, à des situations d'un comique achevé. Il est fréquent d'entendre telle ménagère alléguer des recherches historiques pour ne pas être séparée d'une table minable que, pompeusement, elle appelle son bureau, et telle autre invoquer une exploration sociologique de notre monde contemporain à seule fin de conserver son appareil téléviseur. Ne vous laissez pas berner par ces pitoyables prétextes. Exigez de chacun la preuve formelle de la validité de son travail. Vous verrez aussitôt l'alibi qu'il avance s'effondrer lamentablement.

Deuxième exemple de détournement. L'article L 613 du Code pénal précise qu'il doit être sursis à l'exécution d'une décision d'expulsion entre le 1er décembre et le 15 mars de chaque année en raison de la froidure. Comme si nous étions en Sibérie ! Passons. En vérité, cette loi prétendument humanitaire est systématiquement dévoyée et ne sert qu'à augmenter la fraude et le mauvais esprit des locataires indélicats. Ceux-ci, qui n'attendent qu'une occasion pour donner libre cours à leur malhonnêteté foncière, se gardent bien de payer leur loyer puisqu'ils y sont, en quelque sorte, encouragés. On voudrait accroître le nombre des infractions qu'on ne s'y prendrait pas autrement ! Résultats ! Quels sont les pauvres qui payent leur loyer en hiver ? Une poignée ! Tous les autres s'en dispensent. Ils ne sont pas idiots. Mais rassurez-vous ! Ces voleurs ne perdent rien pour attendre ! Dès le 16 mars à l'aube, les huissiers passent à l'attaque !

A l'attaque psychologique, j'entends.

Car retenez bien ceci : la réussite d'une expulsion repose sur le doigté psychologique dont sait faire preuve l'huissier et sur la connaissance qu'il a des ruses et roueries dont le cœur humain est capable.

Soyez donc psychologues !

Apprenez à détecter menteurs, simulateurs, pervers et histrions !

Ne tombez pas dans le panneau des hystériques qui feignent de défaillir à votre vue. Elles ne cherchent qu'une chose, c'est à vous culpabiliser ! Ne mangez pas de ce pain-là. Dites-vous que ces prétendues victimes ont tout fait pour mériter leur sort.

Ne vous laissez pas duper par les gémissements des psychopathes. La véritable douleur n'est pas celle qui s'exprime à grands cris.

Ne cédez pas au chantage d'un malheur de surface. Un chagrin qui s'exhibe n'est qu'un chagrin postiche.

Sachez reconnaître un fou véritable d'un imposteur qui cherche seulement à vous impressionner.

Pour cela, je ne saurais trop vous inciter à vous plonger dans des ouvrages de psychologie comme je ne cesse de le faire. Je puis dire sans me flatter que j'ai acquis grâce à eux une finesse dans l'approche des êtres qui me permet de sortir indemne des situations les plus scabreuses. Et Dieu sait qu'elles ne manquent pas !

Pas plus tard qu'hier, je dus déjouer les plans d'une certaine Rose Mélie et de sa fille Louisiane, deux femmes que je n'hésiterai pas à qualifier d'infernales. Ensemble, elles avaient échafaudé un scénario aussi savant que retors dans l'unique intention d'entraver l'accomplissement de ma charge. Et je dois avouer que, sans la connaissance que j'ai acquise au fil des ans des mécanismes horlogers de la psyché humaine, je serais immédiatement tombé dans leurs filets.

QUELQUES CONSEILS UTILES…

Voici les faits.

Le 15 de ce mois, je me rendis Cité des Acacias où se trouve concentrée l'essentiel de notre clientèle. Immeuble crasseux, couloirs sordides, ascenseur écœurant. La routine !

Je frappai. M'annonçai. On m'ouvrit. Jusque-là, rien à dire. Mais à peine eus-je entamé mon inventaire qu'une vieille pocharde, simulant la folie, m'accusa d'être un milicien aux ordres de Darnand. Savez-vous qui était Darnand ? Quelqu'un parmi vous sait-il qui était Darnand ? Je ne vois aucun doigt se lever. Darnand, Mesdemoiselles et Messieurs, fut chef de la Milice en 1942 puis secrétaire général au Maintien de l'Ordre de 1943 à 1944. Vous comprenez tout de suite à quel immonde amalgame se livrait cette vieillarde dans le but de m'humilier, de m'avilir et de faire naître en moi remords et mauvaise conscience, car tel était son objectif. Inutile de vous dire que ces insinuations glissèrent sur moi comme l'eau sur les plumes d'un canard. Mais je dus supporter, deux heures durant, le flot de ses perfides allusions qui toutes tendaient à établir un parallèle entre mes activités et celles, si décriées, de la Milice. Sous le couvert d'irresponsabilité mentale qui la mettait à l'abri de poursuites judiciaires, elle se permit de cracher à jet continu d'épouvantables infamies. Et non seulement elle en inonda des personnages discutables tels que Darnand avec lequel, par malignité, elle m'associait, mais aussi des grandes figures de notre Histoire, comme celle du Maréchal Pétain qu'elle avait la grossièreté de surnommer, excusez-moi, le Maréchal Putain. Cette souillon, car j'ai omis de dire que cette prénommée Rose était d'une saleté repoussante, cette souillon, disais-je, se muait en furie dès lors qu'elle abordait le chapitre de la Collaboration, criant, gesticulant et m'apostrophant de la plus brutale manière.

Et je dus, pendant un temps qui me parut interminable, l'entendre cracher des horreurs sur celui qui dignement gouverna notre pays de 1940 à 1944. Je dus la voir piétiner des idéaux qui font encore et toujours l'honneur de notre nation. Je dus subir sans mot dire son mépris des valeurs authentiques et l'entendre salir et traîner dans la boue ces vertus cardinales que sont l'abnégation et le sacrifice de soi. Car son but, je le compris assez vite, était de me déstabiliser, de me faire perdre le nord, en quelque sorte, en sabrant à leur base les principes sur lesquels tout bon huissier fonde sa vie, son travail et sa morale. Elle espérait ainsi me rendre incapable de procéder correctement à l'inventaire de saisie. Ruse machiavélique ! Mais dont je ne fus pas dupe longtemps.

Elle laissa entendre de surcroît que, sous la forme d'honoraires élevés, nous les huissiers pratiquions impunément le vol, et que le pouvoir exorbitant dont nous disposions de pénétrer sans permission dans le domicile d'autrui n'était autre, je vous le donne en mille, qu'un viol ! Voleur, violeur, je riais intérieurement à ces viles accusations, mais n'en fis rien paraître.

Pour corser le tout, tandis que la mère poursuivait contre moi sa tactique de déstabilisation mentale, sa fille Louisiane entreprenait de me séduire en se livrant à des manœuvres éhontées : regards lascifs, allusions sexuelles, jeux de derrière et autres attitudes concupiscentes. Cette traînée, comme on en trouve fréquemment dans nos cités, cheveux rouges ongles noirs et jupette affriolante, espérait enflammer mes sens et me voir succomber, tout rôti, à ses charmes, au point que j'en oublie ma mission.

Vous ne serez pas autrement surpris si je vous dis que cette jeune fille se cassa les dents. Tout comme sa mère. Devant leur double attaque à la fois morale et sexuelle qui en aurait mis plus d'un sur le tapis, je demeurai d'une impassibilité de statue et répondis à leur provocation par un silence de mort. Elles finirent par céder.

Mais je vous induirais en erreur si je vous laissais croire que les états mentaux pathologiques que nous rencontrons au cours de notre exercice sont toujours simulés. Il arrive que nous tombions sur un os, je veux dire sur un fou véritable dont la dangerosité est médicalement avérée.

Devant de tels individus, prenez, si j'ose dire, des pincettes.

Soyez particulièrement prudents avec les déprimés. Des comportements extrêmes sont toujours chez eux à redouter : un raptus anxieux, une expulsion si j'ose dire par la fenêtre, la mastication et l'ingestion d'un avis de saisie, ne riez pas, j'ai été plus d'une fois le témoin de tels actes, une pendaison, l'introduction de la tête dans un four à gaz, ou toute autre tentative de suicide.

Le déprimé et son raptus suicidaire constituent la hantise de l'huissier de justice et l'obsession de tous ses instants. Qu'un déprimé par exemple se défenestre sous vos yeux, et vous voilà dans de beaux draps ! C'est du reste ce que cherche le déprimé avec une âpreté confondante : renverser la situation qui lui est défavorable et vous mettre dans votre tort, qu'il ait ou non l'intention de se supprimer.

Dans de telles circonstances, gardez votre sang-froid. Tenez des propos rassurants, quoique fermes. Et orientez immédiatement le malade vers le psychiatre et l'assistance sociale, deux précautions valent mieux qu'une.

Autre cas de figure : le paranoïaque.

Qu'est-ce qu'un paranoïaque ? Quelqu'un sait-il ce qu'est un paranoïaque ?

Personne ne sait ce qu'est un paranoïaque ?

Un paranoïaque, notez-le, est un individu, de préférence un Espagnol, qui se refuse à vous ouvrir sa porte. Ou qui l'ouvre en pointant sur votre poitrine un fusil à canon scié.

Face à de tels déments, un seul réflexe : les forces de police ! Et vite !

Vous vous demandez anxieusement si de tels fous courent les rues ? Je vous réponds clairement : non ! La plupart des personnes qui tombent sous le coup d'un *commandement de déguerpir* se révèlent à l'expérience totalement inoffensives et le tapage qu'elles font ne sert en vérité qu'à tromper leur angoisse.

Dans tous les cas, restez calmes, faites preuve de diplomatie. La loi vous demande d'agir «en bons pères de famille», ce sont les termes exacts. Qu'est-ce à dire ? Qu'en toute circonstance il vous faut réagir avec calme et diplomatie.

Calme et diplomatie, tels sont les maîtres mots de notre profession. J'en ajouterai un troisième, celui que vous attendez tous, j'ai nommé : l'équité. Ne faites entre les expulsés aucune discrimination. Vieux ou jeunes, blancs ou noirs, fermes ou infirmes, valides ou non, exécutez la loi é-qui-ta-ble-ment.

Et gardez-vous de tout commentaire ! La tentation est forte, je l'avoue, d'asse-ner à ces gens leurs quatre vérités et de leur mettre, pour parler vulgairement, le nez dans leur caca. Car ne nous voilons pas la face, la grande majorité des personnes expulsées ont mérité, que dis-je, ont œuvré, ont milité, se sont battues, pour parvenir à un tel sort, se livrant des années durant au désordre, à l'anarchie et au laxisme tant physique que moral. Il n'est que de s'introduire chez l'une de ces familles en instance d'expulsion pour le comprendre sur-le-champ. Saleté, désordre, mauvaises odeurs et déprédations multiples sont la règle absolue. Chez Rose Mélie et sa fille que je vous décrivais à l'instant, c'est de dévastation dont nous devrions parler. De dévastation pure et simple.

Si encore ces impécunieux affichaient leur mépris des biens terrestres ! S'ils revendiquaient leur détachement comme ils seraient en droit de le faire ! Mais nullement. La perte de deux chaises branlantes leur arrache des torrents de larmes et leur désespoir atteint le paroxysme lorsqu'ils se voient privés de leur télévision. C'est lamentable.

Mais notre devoir, il faut le dire et le redire, n'est point de les juger et d'exprimer des sentiments personnels. Nous avons en quelque sorte à disparaître derrière la Loi, pour autant que cela soit possible. Je suis las d'avoir à répéter de telles évidences.

Il advient quelquefois que l'huissier trouve porte close. Force lui est alors de déclarer à voix haute derrière la porte que, en vertu de l'article 587 du nouveau Code de procédure, l'ouverture des portes se fera si elle se refuse en présence d'un commissaire de police accompagné d'un serrurier. L'effet de ces paroles est magique, il n'y a pas d'autre mot. Pour ma part il est rare, pour ne pas dire exceptionnel, que je recoure à de tels arguments. Je ne saurai trop vous exhorter, Mesdemoiselles et Messieurs, à imiter ma conduite. Soyez avant tout des négociateurs, des hommes de dialogue. Privilégiez le contact humain. Vous en serez récompensés.

Il est rare, disais-je, que j'en vienne à une telle extrémité. C'est que l'expulsé, contrairement à ce qu'en croit l'opinion, n'est que très exceptionnellement un rebelle. Dans quatre-vingt-dix-neuf virgule neuf pour cent des cas, l'expulsé obtempère sans opposer la moindre résistance. Imaginez un seul instant ce qu'encourrait notre nation si tous les expulsés décidaient soudain de résister et de former un front commun. Le chaos, assurément.

Mais ne craignez aucunement, Mesdemoiselles et Messieurs, une telle perspective. Le pauvre obtempère. C'est un fait. Il obtempère en rechignant, certes, mais il obtempère. Je touche du bois. Restent les cas rarissimes de rebelles exaltés qui font la légende de notre profession et ses heures de gloire. Je vous parlerai de ces petites rébellions et des moyens d'y remédier dans une prochaine leçon. Apprenez dès à présent que ces petites rébellions se terminent toujours fort mal pour ceux qui les fomentent. Vous vous en seriez doutés.

Mais je voudrais aujourd'hui terminer ma leçon sur une note réconfortante : les expulsions dites faciles.

Les expulsions dites faciles concernent, pour l'essentiel, les personnes âgées. Nous les huissiers de justice nous rangeons tous à cet avis : les expulsions des personnes âgées sont de très loin les plus rapides et conséquemment les plus aisées. Nous faisons chaque jour le constat que les personnes âgées accueillent leur avis d'expulsion avec un profond sentiment de délivrance comme si, dans le fond, elles se réjouissaient à l'idée de s'enfuir de leur infâme cagibi pour être hébergées dans des foyers où le couvert et la caléfaction sont assurés en permanence. Nous faisons, croyez-moi, œuvre utile. Je voudrais que vous en fussiez conscients.

Et pour finir, un peu de gaieté ! Nous allons aborder la question des constats d'adultère ! Je vois déjà vos mines se réjouir !

Il est hélas de plus en plus rare que l'on nous sollicite pour des constats d'adultère. Les constats d'adultère sont en voie d'extinction. Tandis que le relâchement des mœurs se confirme, les constats d'adultère se raréfient. Nous les huissiers déplorons vivement cette raréfaction. Car les constats d'adultère ont toujours ajouté du piquant à la vie de l'huissier en butte le plus souvent à des situations dépourvues de tout élément risible. Les constats d'adultère ont toujours constitué une source de situations cocasses et rocambolesques qui amenaient quelque gaieté dans une occupation qui en comporte, il faut le reconnaître, assez peu. Jusqu'à une date récente, les huissiers de justice avaient toujours à évoquer des souvenirs comiques liés à ces constats d'adultère et ils en égayaient les dîners auxquels ils étaient conviés, pour le plaisir de tous.

Mais ne pleurons pas notre passé. Réjouissons-nous tout au contraire d'un présent riche de circonstances qui nécessitent chaque jour davantage notre concours. Pour notre seule ville, nous avons enregistré cette année soixante-douze mesures d'expulsion contre soixante et une l'année précédente ! Soit une progression de onze ! Quel commerce aujourd'hui est aussi florissant ? Je n'en connais point d'autre !

Et si les joies d'antan ont disparu, dites-vous que votre métier vous réservera des satisfactions d'un autre ordre. Lesquelles ? Celle de savoir, Mesdemoiselles et Messieurs, que vous contribuez activement à l'Ordre Public sans lequel il n'y a point de vie sociale. Celle surtout de découvrir que si l'humanité n'est point exempte de vice, de faiblesse et de stupidité, elle se donne les moyens, grâce à nous, grâce à vous, d'en limiter leurs funestes effets.

Ce sont sur ces paroles optimistes que je terminerai ma conférence qui n'est pas, comme vous l'avez pu constater, une simple addition de recettes, mais une véritable leçon de philosophie.

A la semaine prochaine.

Dépôt légal
Septembre 1997
Achevé d'imprimer
sur les presses de
l'Imprimerie Slatkine à Genève (Suisse)